Fahrenheit 451

de Ray Bradbury

GUÍA DE LECTURA

Escrita por Anne-Sophie De Clercq
Traducida por Marta Sánchez Hidalgo

Fahrenheit 451

de Ray Bradbury

Entiende fácilmente la literatura con

ResumenExpress.com

www.resumenexpress.com

RAY BRADBURY — 1

Escritor, novelista, dramaturgo, poeta y guionista americano

FAHRENHEIT 451 — 2

Una mirada sobre la sociedad

RESUMEN — 3

El despertar de una conciencia
El comienzo de la revuelta

ESTUDIO DE LOS PERSONAJES — 6

Guy Montag
El capitán Beatty y los bomberos
Mildred Montag
Clarisse McClellan
Faber

CLAVES DE LECTURA — 10

Una novela de anticipación distópica
Control político, censura y autos de fe
El poder de los medios y la desaparición de los libros

PISTAS PARA LA REFLEXIÓN — 17

Algunas preguntas para profundizar en su reflexión...

PARA IR MÁS ALLÁ — 19

RAY BRADBURY

ESCRITOR, NOVELISTA, DRAMATURGO, POETA Y GUIONISTA AMERICANO

- **Nacido en 1920 en Waukegan, Illinois (Estados Unidos)**
- **Fallecido en 2012 en Los Ángeles (Estados Unidos)**
- **Algunas de sus obras:**
  - *Dark Carnival* (1947), compilación de relatos
  - *Crónicas marcianas* (1950), novela
  - *Fahrenheit 451* (1953), novela

Escritor, novelista, dramaturgo, poeta y guionista americano nacido en 1920 en los Estados Unidos, Ray Douglas Bradbury es uno de los autores de ciencia ficción y de fantasía más importantes del siglo XX. Sus primeros relatos se publicaron en 1938 en fanzines y su primer libro, publicado en 1947, es una compilación de relatos titulado *Dark Carnival*. Sus obras más conocidas son *Crónicas marcianas* (1950) y *Fahrenheit 451* (1953).

Bradbury posee una estrella en el Paseo de la Fama de Hollywood y hay un premio con su nombre: el Ray Bradbury Award for Outstanding Dramatic (el Premio Bradbury al mejor guión). Se le concedió de forma puntual desde 1992 a un guión de obra de ciencia ficción (cinematográfica, televisiva, teatral, radiofónica, etc.).

FAHRENHEIT 451

UNA MIRADA SOBRE LA SOCIEDAD

- **Género:** novela de ciencia-ficción
- **Edición de referencia:** Bradbury, Ray. 2007. *Fahrenheit 451*. Traducido por Francisco Abelenda. Barcelona: Minotauro
- **Primera edición:** 1953
- **Temáticas:** literatura, censura, poder, libertad, revuelta, adoctrinamiento

Publicado como folletín y luego como volumen en 1953 en los Estados Unidos (en Francia en 1955), *Fahrenheit 451* es una distopía, una ficción que presenta un mundo futuro totalmente negativo y recibió en 1954 el premio Hugo a la mejor novela.

La historia es la de Montag, un bombero. Vive en una época y en un lugar indeterminado, en una sociedad uniforme donde la felicidad de la población es primordial y está centrada en las pantallas, omnipresentes en todos los hogares. Un único peligro amenaza la plenitud de los seres humanos: los libros, que provocan sentimientos nefastos y pensamientos negativos. Montag y sus compañeros se encargan de quemarlos: 451 es, en grados Fahrenheit, la temperatura a la que arde el papel.

RESUMEN

EL DESPERTAR DE UNA CONCIENCIA

Guy Montag y su mujer, Mildred, están completamente de acuerdo con el modelo que les han propuesto. De hecho, Montag es un bombero singular: con su equipo se encarga de quemar los libros. Todos están prohibidos en su ciudad: no se pueden leer ni poseer. Además, no interesan a nadie, todos se aíslan en sus casas, con los cascos puestos ante las pantallas que recubren las paredes de los salones.

Sin embargo, tiene una tendencia rebelde que se refuerza un poco por sus encuentros frecuentes en el barrio con una joven extraña y marginal, Clarisse McClellan, a la que le gusta pasear, hablar, tomar tiempo para pensar y, sobre todo, leer. Comparte sus ideas con Montag y le abre la vía de la lectura, pero no tarda en desaparecer (algunos dicen que está muerta). Entonces, un día, empujado por la curiosidad, el bombero extrae varios ejemplares de la quema de libros que tiene que hacer y los esconde en principio en su casa a espaldas de su mujer. Más tarde, le propone a su mujer descubrir uno de los volúmenes que ha recuperado y le lee varios fragmentos contra su voluntad. Desde entonces, cumple sus misiones con cada vez más reticencia.

De aquí en adelante, Montag cuestiona una y otra vez las estructuras del mundo que le rodea, así como los comportamientos de sus colegas y de su mujer, inconscientes del adoctrinamiento del que son víctimas y de la guerra que se gesta.

Alarmado por las reacciones de Montag, el capitán Beatty interviene y le explica el origen y la importancia de su función: el bombero no duda de la peligrosa vía en la que se ha embarcado.

EL COMIENZO DE LA REVUELTA

Montag retoma el contacto con Faber, un profesor de inglés retirado que se había encontrado un año antes en un parque y con el que había hablado clandestinamente de poesía. Juntos planean reimprimir libros y Faber le proporciona a Montag un auricular que les permite estar en contacto permanentemente: el espionaje a los bomberos podría ser de gran utilidad para desestabilizar al régimen.

Poco a poco, el capitán Beatty empieza a sospechar que Montag ha recuperado algunos libros. Este es consciente, pero, ansioso por despertar la conciencia de las personas que le rodean, insiste en leerles a amigas de su mujer quienes, al verlo furioso, aceptan. Más tarde, cuando Montag regresa al cuartel, comprende que se ha llamado a la brigada para una nueva intervención cuyo objetivo es su propia casa. Ha sido denunciado por Mildred y sus amigas: no tardará en saberlo.

Bajo la amenaza de Beatty, Montag se ve obligado a cumplir su misión y reduce su casa a cenizas tras la partida de Mildred. Acciona un lanzallamas como un autómata, pero, en un repentino brillo de conciencia, se revuelve contra su capitán antes de darse a la fuga.

Como desde ese momento está considerado un criminal, le persigue Limier, un robot mitad perro mitad abeja con un aguijón destinado a inyectar dosis de procaína (un anestésico) a los que acorrala. Montag consigue desorientar al robot y, con mucha suerte, logra llegar al río. Se deja llevar por la corriente y luego sigue los raíles de una antigua línea ferroviaria.

Acaba encontrando a un grupo de antiguos profesores de la universidad, desechos de la sociedad, que viven en pequeñas comunidades itinerantes a lo largo de las vías del tren. Todos conocen un texto de memoria para salvarlos del olvido. Cuando se une a ellos, la guerra estalla y una bomba reduce a cenizas la ciudad que Montag ha dejado tras él, dejando a los supervivientes la esperanza de construir un mundo diferente.

ESTUDIO DE LOS PERSONAJES

GUY MONTAG

Guy Montag tiene treinta años y vive cómodamente con su esposa, Mildred, en una de las casas uniformes de una ciudad tranquila. Es bombero: con sus compañeros se encarga de quemar los libros, que están prohibidos. En un principio cumple con su función, es útil para la sociedad con orgullo y placer. Pero pronto se sorprende robando libros y, gracias a ellos, hablando con Clarisse McClellan, poco a poco va dándose cuenta de que otro mundo es posible. Intenta desvelar esas oportunidades a su mujer y luego a sus amigas, sin éxito alguno. Montag se dirige a un antiguo profesor, Faber, cuyo plan es reimprimir los volúmenes desaparecidos. El día de su última intervención, Montag tiene que quemar su propia casa (simboliza la vida que le ha llevado hasta entonces). Lo hace y luego mata a su capitán antes de darse a la fuga como un criminal y de unirse a una comunidad de intelectuales que memorizan textos con el fin de salvaguardarlos.

Podemos seguir la evolución del personaje en tres partes que se corresponden con las tres partes del texto:

- Al principio es un ciudadano normal que toma poco a poco conciencia de que su felicidad es artificial
- Intenta compartir sus pensamientos y reaccionar con serenidad
- Al final pasa a la acción con la decisión de volverse un forajido.

El nombre Montag evoca la Luna (*montag* significa en alemán «lunes», el día de la luna), generalmente relacionada con el agua y las mareas y opuesta al sol, por lo tanto al fuego y a la función destructora de los bomberos. El despertar del personaje está relacionado con la luna a propósito: la noche de su primer encuentro con Clarisse, levanta los ojos hacia este astro y parece verlo verdaderamente por primera vez. Se la citará numerosas veces en la primera parte de la novela.

EL CAPITÁN BEATTY Y LOS BOMBEROS

Los bomberos se encargan de destruir todo texto escrito y toda persona que intente impedirlo. Se conoce el nombre de tres bomberos que trabajan con Montag: el capitán Beatty, Black y Stoneman. Los tres están convencidos de que su trabajo permite mantener el orden y la felicidad en su sociedad porque, al quemar los libros, eliminan toda idea subversiva o desconcertante que pudiera perjudicar la tranquilidad de sus conciudadanos.

Todos tienen nombres con sonoridad negativa en inglés: Black recuerda lo negro, la oscuridad; Stoneman significa «hombre de piedra» y Beatty remite al verbo *to beat*, que significa «golpear».

El capitán es culto: conoce los libros, los ha leído y puede citarlos. Utiliza sus conocimientos para hacer cambiar de opinión a Montag cuando éste se rebela y para justificar el funcionamiento de la sociedad.

MILDRED MONTAG

La mujer de Montag, Mildred (a la que él llama Millie) está, al igual que los bomberos, totalmente adoctrinada. Lo más importante para ella es llegar a comprarse una cuarta pantalla que recubriría la última pared libre de su salón para poder vivir del todo con la «Familia» (un conjunto de actores que interaccionan virtualmente con ella). Mildred no entiende en absoluto el interés de su marido por los libros, el pensamiento y el ocio; por miedo, llega a denunciarle.

CLARISSE MCCLELLAN

Clarisse es una joven de diecisiete años marginada, como toda su familia. Cree en la importancia del diálogo, en el intercambio de las ideas, de lo ocioso, etc. Así se desmarca del resto de la sociedad que está ahogada en la tecnología. Clarisse entra en contacto con Montag y le hace tomar conciencia de que es posible vivir de otra forma y de que su función de bombero no tiene sentido y es incluso peligrosa para el verdadero bienestar intelectual y psicológico del ser humano.

Cuando aparece en el libro, el vocabulario gira alrededor de la blancura y de la Luna, lo que la relaciona semánticamente con Montag. Su nombre recuerda además a la claridad. Ella y Montag se ven todos los días por la noche, cuando el bombero regresa de su trabajo, el momento más propicio para la fantasía, la evasión y el pensamiento (que Mildred no puede conocer, puesto que está constantemente conectada a los auriculares). Es el personaje femenino que se opone a

Mildred y a sus amigas, muy satisfechas con el mundo en el que viven.

FABER

Faber es, como Clarisse y luego Montag, un espíritu rebelde. Antiguo profesor de inglés, esconde desde hace varios años su amor por los libros encerrándose en su casa. Un día se encuentra con Montag y le recita poesía. Un año más tarde, le ayuda a tomar conciencia de la importancia de los textos y de su supervivencia.

CLAVES DE LECTURA

UNA NOVELA DE ANTICIPACIÓN DISTÓPICA

Fahrenheit 451 se escribió durante la primera edad de oro de la ciencia ficción en los Estados Unidos (1920-1950). Además, Bradbury está considerado uno de los maestros del género, aunque no reivindique su pertenencia a la esfera de influencia (sólo considera a *Fahrenheit 451* una novela de ciencia ficción: sus otros textos se acercan más a la *fantasy*).

> ### ¿SABÍA QUE…? CIENCIA FICCIÓN, FANTÁSTICO Y MARAVILLOSO
>
> Se habla de ciencia ficción cuando el texto describe una realidad modificada, como en *Fahrenheit 451*. Las novelas como *Harry Potter* forman parte de la *fantasy* o de lo maravilloso puesto que se describe un mundo irreal, mágico. Estos géneros se distinguen además del fantástico, que escenifica una realidad conocida que toma poco a poco forma de una ficción y que presenta aspectos inexplicables. *El Horla* de Maupassant pertenece a esta categoría.

Fahrenheit 451 es una novela de anticipación y una distopía: el autor imagina una sociedad posible, pero en absoluto ideal. En su texto se puede ver una crítica de la sociedad de su tiempo, de nuestra sociedad y de lo que arriesgamos a hacer. Este relato se puede comparar con textos como *Un mundo feliz* de Aldous Huxley (escritor inglés, 1894-1963), publicado en 1932, o *1984* de Georges Orwell (escritor inglés, 1903-1950), publicado en 1949.

1984 es una novela de anticipación de Georges Orwell que describe un mundo en guerra regido por tres super-potencias. El autor describe una de ellas, Oceanía, un universo totalitario dirigido con mano de hierro por el Gran Hermano y su Partido.

En cuanto a *Un mundo feliz*, se desarrolla en un Londres del futuro. La sociedad, dividida en castas, es rígida y liberticida. Su equilibrio descansa en la práctica del condicionamiento químico y psicológico de los indivi-duos.

CONTROL POLÍTICO, CENSURA Y AUTOS DE FE

Bradbury publica su novela en 1953, en una época en la que, en Estados Unidos, el senador McCarthy (1908-1957) inicia una cacería de brujas contra los comunistas y, de modo más amplio, contra los intelectuales. En este principio de guerra fría, un pensamiento único domina, donde la delación (apoyada por la paranoia del ambiente) se estimula para preservar la paz y la tranquilidad nacionales, como en la novela de Bradbury.

El texto puede evocar cualquier régimen totalitario: hitleriano, chino, coreano, etc. Está siempre de actualidad. Sobre todo porque la intriga se sitúa en un lugar y en una época indeterminadas, pero hace pensar en un futuro próximo en el que se encuentran muchos objetos que nos rodean en la actualidad como las pantallas, el metro, etc.

De hecho la censura, es decir, la reducción (o supresión) de la libertad de opinión y de expresión, es un arma a la que todos los regímenes totalitarios u oscurantistas recurren. Se practica de diversas maneras: a priori (antes de la publicación) o a posteriori, implícitamente (durante el período del macarthismo se manifiesta por amenazas o expulsiones) o explícitamente (regulado por leyes). En este último caso, apunta claramente a ciertas obras o imágenes por motivos religiosos o políticos y las personas responsables pueden ser penadas por la ley.

En *Fahrenheit 451* la censura se aplica hasta el extremo, puesto que afecta a todos los libros, sean los que sean.

Más que un contenido es un medio, un medio de expresión (el mismo que simboliza la cultura y el desarrollo de la humanidad) el que se cuestiona. El hecho de que los libros se quemen recuerda la práctica de los autos de fe. Surgieron en la Edad Media y consistían en incendiar las obras consideradas heréticas o paganas. En la inquisición, el auto de fe por analogía designa la condena a la hoguera de los acusados de supuesta herejía.

Más recientemente, los nazis también han emplearon grandes autos de fe desde 1933 en numerosas ciudades alemanas (en principio Berlín, luego Dresde, Bremen, Fráncfort, Múnich, etc). Se destruyeron todos los libros cuyos autores eran disidentes o judíos en gigantescas hogueras en honor al régimen de Hitler (jefe del Estado alemán, 1889-1945). Las obras de Karl Marx (teórico del socialismo y revolucionario alemán, 1818-1883), Sigmund Freud (médico austríaco, fundador del psicoanálisis, 1856-1939), Heinrich Mann (escritor alemán, 1871-1950), Stefan Zweig (escritor austríaco, 1881-1942) o Bertolt Brecht (poeta y autor dramático alemán, 1896-1956) en particular pasaron por las llamas.

De manera más general, la censura está íntimamente relacionada con la cuestión de la libertad de expresión. Esta cuestión sigue siendo actual en todos los países del mundo, incluidos los que poseen regímenes democráticos:

- En Estados Unidos, en algunas canciones, las palabras susceptibles de dañar la sensibilidad de los jóvenes oyentes están censuradas y remplazadas por pitidos;
- con la aparición de las nuevas tecnologías de información y de la comunicación, una página como Wikileaks (que

publica documentos confidenciales de forma anónima)
suscita con regularidad controversia;
- en China, es imposible acceder a varias páginas de
Internet, al igual que en Cuba y en Corea del Norte, donde
todas las comunicaciones con el exterior están práctica-
mente cortadas;
- Roberto Saviano (nacido en 1979), autor de *Gomorra*, un
libro que denuncia el funcionamiento de la Camorra (la
mafia napolitana), está amenazado de muerte desde la
publicación de su novela y vive desde entonces bajo la
protección de la policía; ya se han ejecutado a numerosos
jueces o periodistas italianos por haber intentado hablar
sobre la mafia;
- se detiene a numerosas personas en todo el mundo por
haber expresado sus ideas, que han contrariado al poder
del lugar: se les llama los presos de conciencia.

EL PODER DE LOS MEDIOS Y LA DESAPARICIÓN DE LOS LIBROS

En la lectura de *Farhrenheit 451* se cuestiona la dictadura
política e intelectual:

- política en principio porque los personajes evolucionan
en un mundo rígido, donde se fomenta la delación, donde
se condenan varios actos de forma severa, donde todo el
mundo debe pensar lo mismo, etc;
- luego intelectual porque uno de los actos prohibidos es
la lectura (así como la posesión de un libro). Es mejor
quedarse ante las pantallas, escuchar la publicidad om-
nipresente de los transportes públicos o circular rápido

en lugar de tomarse tiempo para leer, pensar y conversar con sus conciudadanos, con lo que se corre el riesgo de quebrantar el pensamiento único y así la felicidad universal.

La novela se publicó en 1953, pero se puede trazar un paralelismo con nuestra sociedad actual. Desde la llegada de la televisión a los hogares, las personas pasan cada vez más tiempo delante de la pantallita. El desarrollo de los ordenadores estos últimos veinte años engendra un comportamiento similar. Como en *Fahrenheit 451*, los vehículos son cada vez más rápidos. Y raros son los que entre nosotros no llevan siempre auriculares (o se mueven sin móvil, elemento que no está presente en el libro).

En esta sociedad de lo inmediato, dominada por los medios de comunicación y la publicidad, el pasado y el futuro no cuentan:

• Los bomberos, cuya función es inversa a la que conocemos ahora, han olvidado el origen de su oficio;
• Mildred no se acuerda de cuando conoció a Montag;
• los jóvenes no se preocupan por su futuro (guerra, etc.) porque no tiene conciencia del mundo que les rodea.

Esta omnipresencia de los medios y de la tecnología lleva a reflexionar sobre la supervivencia de los libros. Se suele decir que los jóvenes no leen, que el libro es un objeto en vía de desaparición, que ninguna persona es capaz de pensar por sí misma, de buscar información y de oponer ideas. Pero algunos intelectuales (Umberto Eco, por ejemplo) insisten en que la lectura es una actividad que siempre ha existido.

Aunque se ofrezca en diferentes formatos, la lectura está lejos de desaparecer a pesar de la importante presencia de la tecnología. Los soportes sufren en la actualidad numerosos cambios y encontramos cada vez más textos en formato digital.

PISTAS PARA LA REFLEXIÓN

ALGUNAS PREGUNTAS PARA PROFUNDIZAR EN SU REFLEXIÓN...

- ¿Qué significa Montag?
- Gracias a los patronímicos se adivina que los colegas de Montag (Black, Stoneman y Beatty) son personajes negativos. Explíquelo.
- ¿Por qué son los libros en particular los que están prohibidos?
- Justifique la pertenencia de este texto a la ciencia ficción.
- ¿Contra qué dirige Bradbury su crítica?
- ¿Qué relación se puede establecer entre esta obra y el macarthismo?
- ¿Este texto puede evocar cualquier régimen totalitario? Justifique su respuesta. Cite ejemplos de países en los que la libertad de expresión sigue violada hoy en día.
- Compare el enfoque de Bradbury con el de Orwell en *1984* y el de Huxley en *Un mundo feliz.*
- ¿Qué paralelismo se puede trazar entre esta obra y la sociedad actual?

¡Su opinión nos interesa!
¡Deje un comentario en la página web de su librería en línea,
y comparta sus favoritos en las redes sociales!

PARA IR MÁS ALLÁ

EDICIÓN DE REFERENCIA

- Bradbury, Ray. 2007. *Fahrenheit 451*. Traducido por Francisco Abelenda. Barcelona: Minotauro

ADAPTACIONES

- *Fahrenheit 451*. Dirigida por François Truffaut, con Oskar Werner, Julie Christie, Cyril Cusack, Anton Diffring. Reino Unido, 1966.

ResumenExpress.com